我們要有足夠的
勇氣讓自己心碎

Brave Enough

雪兒・史翠德最珍愛的 132 則生命靈光

by CHERYL STRAYED　沈維君 譯

獻給卡佛（Carver）與芭比（Bobbi）

世上最美好的話語皆出自你們

Contents

Introduction

　　我如今依然鍾愛當初愛上的第一句格言：「多愛少信任，永遠獨立自主。」（Love many, trust few, and always paddle your own canoe.）。八歲時，外婆教我這句老生常談的美國格言，原始出處早已不可考。這些年來，這句話一直觸動我的心弦。我從小就愛上這句話，不只是因為它告訴我應該怎麼做，它還幫助我相信自己有能力做到。十二歲那年，我在麥德琳‧蘭歌（Madeleine L'Engle）的《永恆之光》（A Ring of Endless Light）兩百多頁讀到一個句子，深深著迷，不禁停下來好好回味：「你必須先了解黑暗，才能意識到光明的存在。」（Maybe you have to know the darkness before you can appreciate the light.）我用半永久定色的麥克筆寫在手臂內側，那週大部分時間這句話都保留在我的手臂上（在我心裡則留了大半輩子）。

　　從此，我開始蒐集各種格言。

　　從好笑到深奧，簡單到複雜，悲傷到狂喜，鼓舞人心到嚴厲要求……形形色色的格言都在我的收藏之列，每當需要

慰藉或鼓勵、洞悉真相或當頭棒喝時（往往是後者），我就會求助於這些格言。不論我住在哪裡，都會把這些格言釘在牆上。我已經把所有格言都記在手帳裡，而且在電腦中存檔。我在撕開的信封背後、綿延的沙灘上隨手寫下格言。在我三本珍貴的書中，隨處可見它們的蹤影。我也把這些格言用在我的婚禮與祝詞上（嬉皮與女性主義版本的準媽媽產前派對）。我在媽媽的追悼會上朗讀別人的話，把她自己的話刻在她的墓碑上：「我永遠在妳身邊。」（I'm always with you.）。當朋友和情人遭遇順境與逆境時，我提供格言給他們，以此來表達我對他們的情感。二十六歲那一年，我自創了一句格言：「我無所畏懼。」（I am not afraid.）這句話帶領我一路走過太平洋屋脊步道（Pacific Crest Trail），而一開始激勵我踏上旅程的是媽媽告訴我的格言：「你可以選擇讓自己置身於美景中。」（Put yourself in the way of beauty.）幾年後，當我開始認真撰寫第一本書時，每天我都會看一看書桌旁邊的黑板，閱讀芙蘭納莉・歐康納（Flannery O'Connor）與尤多拉・韋爾蒂（Eudora Welty）的格言，從中獲得激勵。我生第一胎的時候，陣痛超過四十個小時，當時我把拉

姆‧達斯（Ram Dass）「活在當下」（be here now）的建議當成救生圈；後來，面對兩個飛快長大的孩子，這句話也以不同的方式幫助了我。

　　我把格言當成靈魂的迷你使用指南。由於我太了解格言讓人受益無窮，不禁想要把這些格言收錄在本書中。我這麼做，並不是因為相信自己的智慧，而是相信這些文字有股力量，可以幫助我們改變意圖、釐清思緒，反駁我們大多數人腦海中縈繞不去的懷疑聲浪：「你做不到，你不會這麼做，你根本不應該這麼做。」格言的精髓就在於它永遠給你肯定的答案！

　　這本書的目標是成為「肯定之書」（a book of yes）。

　　當我從自己寫的書籍、文章與曾經接受的採訪、發言中篩選格言，包括挑出這裡的格言時，我始終記得，剛開始撰寫或說出這些話時，我原本沒打算當成「智慧」送給別人。事實上，我完全沒想過這些話會被解讀成「智慧」。對我來說，這裡收錄

的大多數格言感覺比較像是我與自己的對話，後來顯然也成為其他人與自己的對話。書中每一句格言都懇求你接受、原諒，鼓起（足夠的）勇氣，懷抱善意、感恩與真誠，慷慨大方，大膽無畏，我也祈求自己達到同樣的境界。

換句話說，我沒打算操縱指揮你。我只不過試圖成為自己更好的主宰。沒錯，這些格言就相當於我的本質，不過，它們也是我試圖達到的境界——我時常功虧一簣，沒辦法成為那樣的人。你若不相信，不妨問問我先生。有一次，我在爭執中對他說了一句話，他震驚到立刻抄在一張紙，貼在我們的冰箱上，從此那句話就留在那裡，將近十年之久。至於那句話是什麼呢？「我下半輩子都會生你的氣。」（I'm going to be mad at you for the rest of my life.）

只不過，我相當確定，當初我可是用全部大寫的語氣用力吼出來的，而且還加上驚嘆號！

所以，你看吧，我還在拚命努力中。這些正是我一直以來所知的一切──儘管過去幾年來，許多推文、貼文、刺青、被子、咖啡杯、賀卡、海報與繡枕突然紛紛引用我的話。每當我看見自己的話用在這種地方，不免受寵若驚。

　　這種時候也提醒了我，那些字句已經不再獨屬於我；當我們認同別人說過的話或寫下的字句，我們其實是用那些話來表達自己內心的聲音，並不僅僅是頌揚那些話。邱吉爾以「永不放棄」（Never give in.）這句話來鼓勵國民堅忍面對第二次世界大戰的困境與令人恐懼的未知，然而，在他說出這句話七十幾年後，無數的人用這句簡單卻充滿力量的話來激勵自己克服困難，不論那困難是大是小、微不足道或毫無意義（好吧，就我的情況來說，我的困難是跟徒步健行有關）。在我的簽書會上，讀者常要求我用「去他媽的放手寫作」（Write like a motherfucker.）這個句型加以變化，題寫在《暗黑中，望見最美麗的小事》（*Tiny Beautiful Things*）書上。

　　我已經寫過的句子有：「去他媽的放手做個工程師。」「去

他媽的放手做個母親。」「去他媽的放手教課。」「去他媽的放手做個醫生。」其中我最喜歡：「去他媽的放手做每件事。」

當然，這永遠是重點。

最好的格言不會只說出單一真理，而是道盡宇宙共通的真理，超越時間、文化、性別、世代與情境的限制，在我們的心靈與腦海中產生共鳴。這些格言在我們的人生中發揮功效，帶來指引、激勵、挑戰與慰藉。它們重申我們領悟的道理，提醒我們還有多少需要學習的課題。這些格言簡潔有力，隨時將我們從充滿困惑與矛盾、一團混亂的人類泥沼中拉出來。最重要的是，這些格言讓我們知道自己並不孤單。格言本身的存在就足以證明有人和我們一樣，曾經有過相同的困惑、掙扎與領悟。

我希望這本書能帶給你同樣的效果。

媽的！盡情放手閱讀吧！

Be
brave
enough
to break
our own heart.

1

勇氣

我們要有足夠的勇氣讓自己心碎。

2 努力

我們不會從山頂爬到山頂，
而是從山腳出發，一步步往上爬。
過程中還要付出血汗。

3

成功

你不需要為了取悅別人，
達到他們認定的成功標準，而找工作。
你不需要對別人解釋你的人生規畫。
你不需要透過你接受的教育能帶來多少金錢上的
回報來證明教育的價值。
你不需要保持無懈可擊的信用評分。
任何期待你做到上述事項的人，
根本就對歷史、經濟、科學或藝術毫無概念。

你必須支付自己的電費。
你必須待人和善。
你必須全力以赴。
你必須找到真正愛你的人，
並以同樣真誠的愛回報他們。

但，你只要做到這些就夠了。

Don't surrender
all your joy
for an idea
you used to
have about yourself
that isn't
true anymore.

4

快樂

現在你再也不是過去的你了，
　　不論你以前如何看待自己，
　　都不要為此放棄自己的快樂。

我對青春期的自己有什麼建議？

妳知道妳是誰，所以，
現在就讓妳成為自己吧！

妳可以展現聰明才智，野心勃勃，充滿好奇，
就算不是很酷也沒關係。
不要浪費多年光陰，
試圖讓男孩渴望妳或讓女孩喜歡妳。
不要把自己餓到皮包骨。
不要成為漂亮的啦啦隊員。
不要失身於足球隊長。
不要在他身上失去任何東西。

妳要成為自己的隊長。
妳就是隊長。
帶著球往前衝吧！

6

痛苦

你在尋找解釋，尋找漏洞，
在黑暗的故事中尋找光明的轉捩點，
讓你一舉扭轉自己的人生軌道。

可是，不可能扭轉了——對我，對你，
或對任何曾經受到不公平待遇的人（也就是每個人），
都是如此。

你必須接受這個道理：受苦往往帶來轉變。

你只要正視痛苦，繼續往前邁進，就可以了。

你不需要加快步伐，也不必走太遠。

只要往前一小步。

你就可以在一次又一次的呼吸之間漸漸有所進展。

沒有人能夠代替你過日子。

你必須自己來，不論你是富裕或貧窮，
囊空如洗或富可敵國，繼承多到離譜的財富，
還是從可怕的不公義中獲利。
而且，不管真相如何，不管面對多大的困難，
不管降臨到你身上的際遇有多不公平、悲傷、糟糕，
你都必須這麼做。

自怨自艾只會帶你走上窮途末路。

是你選擇往下走。

選擇權在你手上，你可以決定繼續原地停留，
還是轉個彎，離開死胡同。

8

領悟

一旦你領悟到這些事——
失落與悲傷不僅讓你茁壯成長，
更讓你大放異采；
儘管你寧願這些事並未發生在你身上，
你仍感謝這些經歷；
即使你永遠都捧著空碗，
現在你也已經有能力填滿那些碗。

此時，只有一個字可以形容：療癒。

9 ⋯⋯ 成長

經過時間證明，

二十來歲的你對自己的看法，

十之八九是錯的。

剩下那一、兩個證實無誤的看法，

會在往後二十年不斷盤旋在

你的腦海中，讓你哭笑不得。

10

行動

除非你騎上馬出發，
否則永遠到不了豐盛美好的市集。

選擇

我思考自己有哪些選項。
只有一個選擇，我心中有數。
永遠只有一個選擇。

繼續往前邁進。

I considered
my options.
There was
only one,
I knew.
There was
always
only one.

To keep walking.

12

邁進

盡力而為讓你繼續往前邁進。
寬宏大量讓你繼續往前邁進。
真誠以對讓你繼續往前邁進。
安慰那些停滯不前的人，
讓你繼續往前邁進。

放手讓那些難以忍受的日子過去，
享受其他快樂的時光，你才能繼續往前邁進。

為自己找到付出愛的管道與發洩怒氣的出口，
你才能繼續往前邁進。

13

原諒

有些事你現在還不明白。

你的人生將會持續展開，
而且精采絕倫。

你才二十幾歲就努力解決童年遺留下來的問題，
這固然很好；但你得明白，
你嘗試解決的問題將會一再出現，
你必須一次又一次解決。你將明白，
有些事需要具備年齡的智慧與經歷歲月的涵養才能領悟。
而那些事大多和原諒有關。

幾乎每對奉行一夫一妻制或單一性伴侶的人
遲早都會發生這種事，明明愛著另一半，
卻想跟第三者上床。
我們都心繫伴侶，卻想和別人做愛。
新歡如此光芒四射，晶瑩剔透，
絕不可能責怪你忘了把資源垃圾拿出去回收。
沒有人會和新歡爭執。
新歡根本不戴錶。
新歡就像沒有人騎的摩托車。
美麗出色，但哪兒都去不了。

15

遺憾

不要到了養兒育女和從事正當工作的年紀，
還背著吉他盒，裡面裝滿了嚴重的遺憾，
或一大堆你但願年少時光不曾做過的事。

至於沒幹那些事的人，他們得冒著風險，
變成自己想要成為的那種人：
吝嗇小氣，糊裡糊塗，畏畏縮縮。

16

付出

別再問自己你想要什麼、
渴望什麼、對什麼感興趣。
你該問自己：我已經得到什麼？
捫心自問：我擁有什麼，可以回報？
然後，付出你所擁有的。

17

放下

世上大多數事情最後都會安然度過，
但不一定每件事都如此。
有時候，即使你奮力一搏，還是會一敗塗地。
有時候，你撐得很辛苦，心知自己別無選擇，只能放下。

接受，是一個狹小的房間，靜謐無聲。

18

嫉妒

你知道當我感到嫉妒時會怎麼做嗎？
我告訴自己不要嫉妒。
我關掉「為什麼不是我」的聲音，
轉而告訴自己「別傻了」。

真的就這麼簡單。

唯有實際停止嫉妒，你才能避免成為善妒的人。
當你因為別人得到你想要的東西，而覺得自己就像廢物
一樣，你得強迫自己記住你擁有多少東西。
切記，天地如此遼闊，
足以讓我們所有人都擁有一席之地。
切記，別人的成功對你的成敗毫無影響。
切記，當好事發生在別人身上時，如果你繼續努力，
而且夠幸運，或許，

有一天好事也會發生在你身上。

如果你無法提振士氣，就制止自己吧。

別繼續悶頭想這件事。

一旦落入充滿怨恨的深淵，除了你那顆絕望的心，

沒有其他東西可以讓嫉妒吞噬。

人生中的轉變不會阻止你成為自己，
只會要求你設法回歸真實，
重拾內在早已擁有的力量。

你只要讓自己大放異彩就好了。

Transformation
doesn't ask that
you stop
being you.
It demands that
you find a way
back to the
authenticity and
strength that's
already inside of you.

You only have to
bloom.

挽回

要是我原諒自己會如何？

要是我做過不該做的事，卻依然原諒自己，又會如何？

儘管我很抱歉，但如果時光倒轉，

我還是會做同樣的事，又會如何？

要是正確答案是說YES，而非NO，人生會如何？

要是我過去不該做的所有事，

其實是引我來到這個人生境地的關鍵，又會如何？

要是我的過去再也無法挽回，又會如何？

要是我已經挽回，又會如何？

Hello, fear.
Thank you for
being here.
You're my indication
that I'm doing
what I need to do.

21

恐懼

哈囉，恐懼。
謝謝你陪在我身邊。
你讓我有跡可尋，
知道自己正在做我需要做的事。

革命

人生中有許多小小的革命，光是我們自己，
就以成千上萬種方式成長、改變，然後安然無事。

或許身體是我們最後的邊界。
大多數女人與部分男人終其一生試圖
改變、遮掩、美化自己的身體，
甚至把自己變得不像自己，
或是隱藏自己原本的模樣。

但，如果我們不要這麼做呢？

如果你放下厭惡，轉而愛上自己的肌膚，
這微小又巨大的革命會為你帶來什麼改變？
這種特別的解脫感將會結出什麼果實？

23

正義

相信正直與崎嶇不平之路的價值。

在朝正義前進的路上，
我們做的事不見得永遠正確。

孩
子

面對孩子，我們不能絕望，那是一種奢侈。

不論失敗多少次，只要我們一振作，

他們就會跟著我們振奮起來。

切記，這是我們身為父母能力所及的最重要任務。

25

戀愛

戀愛不是一場比賽。

你有自己的賽程要跑。
我們不會透過測量身體的數據、
智力成果和個人癖好的比較來深入了解別人。
我們懂別人，是因為我們懂得付出。

26

荒野

這只和置身荒野的感受有關。

這關係到一路走上好幾公里，不為別的，

只為了親眼看看聚集叢生的樹林與草地，

山脈與沙漠，溪流與石頭，河川與青草，日出與日落。

這種經驗具有撼動人心的力量，融入我的骨子裡。

對我來說，似乎所有走進荒野的人類都有同感；
而且，只要荒野存在的一天，
這種感覺就永遠不會消失。

分手

忠於自我，活出真實的自己，
才是合乎道德與文明的生活。

即使因為想要離開而結束一段關係，
也不等於你從此就沒有義務作一個正派的人。
你可以離開，不過，
你仍然是對戀人富有同情心的朋友。
即使因為想要離開而分手，
也不代表你一遇到衝突、
掙扎或內心感到不確定的時候，
就可以立刻打包走人。

如果你渴望擺脫一段關係，
而你感覺那股渴望深深壓抑在內心深處，
比任何其他相反的渴望還要強烈，那麼，
你想要離開的念頭不僅合情合理，
而且還可能是正確的選擇。

即使你愛的人會因此受傷。

Be about
ten times more
magnanimous
than you believe
yourself
capable of being.
Your life will be a
hundred times
better for it.

28

寬容

不論你認為自己有多大的氣量，
請以十倍的寬宏大度待人。

你的人生將會因此精彩百倍。

堅持

那些<u>絕不放棄</u>的人找到方法<u>相信</u>富足，勝過匱乏。
他們打從心底相信，世上的一切足以供應我們所有人，
不同的人會以不同的方式成功。

他們明白，保持信念比兌現支票重要。

30

冷眼

如果，我們不忍目睹悲傷，
見不得死亡重擔壓在喪親的人身上，
所以我們移開視線，
等待那些哀悼的人不再悲傷，
放下過去，振作起來，繼續往前邁進。

如果他們沒有這麼做——
如果他們愛得太深，
如果他們每天早上醒來都覺得
「我活不下去了」——
那麼，我們就把他們的痛苦當成一種精神症狀，
說他們的受苦是一種疾病。

如果是這樣我們只是冷眼旁觀，
一點幫助都沒有。

如果你以美德、大氣、善意、
寬恕與勇氣為目標，拓展自己的心性，
你將從自己身上獲益匪淺。

請成為愛的鬥士。

32

義務

<u>你有義務</u>告訴正和你發生關係的人，
你是否同時和其他人上床。
這個原則絕無例外。
從來沒有。
每個人都要遵循，在任何情況下都一樣。
所有人都有權利知道自己上床的對象
是否也跟別人發生關係。

唯有如此，人們和劈腿的人上床時，
才能為自己的人生做出有益於情緒健康的決定。

拒絕是金。

拒絕是好女巫施展的魔力。

No is golden.
No is the power
the good witch
wields.

活
著

悲傷的力量驚人，但愛更強大。
你是因為愛得太真切才會悲傷。
其中的美勝過死亡之苦。
當你意識到這一點，雖不能讓你擺脫痛苦，
卻能幫助你活過下一天。

在你野獸般的身體裡面
藏著美麗心靈，
渴望看到其他野獸內在之美。

掛
念

當我們非常重視一個人，
時時掛念關心，那就是愛。

愛很輕盈，就像我們給朋友的擁抱；
愛也很沉重，就像我們為孩子付出的犧牲。
愛，可以很浪漫，
也可以是柏拉圖式的單純情感或家人之間的親情；
愛，可以轉瞬即逝，也可以永恆不朽；
愛，可以有條件付出，也可以毫無保留；
愛，浸淫在悲傷中，因性而熱情如火，
因虐待而玷汙混濁；

仁慈讓愛更強大，背叛讓愛扭曲；

時間加深愛意，困境讓愛更深刻；

寬宏大量讓愛發酵，潛移默化，幽默則滋養愛；

愛滿載承諾與誓言，

不論我們是否願意許下諾言或信守不渝。

你這一生做過最好的事，

或許就是好好處理這他媽的愛的課題。

光陰

過去那些毫無意義的時光，終將開花結果。

爛到透頂的服務生工作。

埋頭撰寫日記的時間。

長長的漫步。

那些讀詩、短篇集、小說與逝者日記；

思索著性愛與上帝、該不該刮腋毛種種困擾……

你所度過的光陰。

你，
就是由這些片段
一點一滴塑造而成的。

Walk
without a stick
into the
darkest woods.

38

獨立

赤手空拳，走進最黑暗的樹林裡。

那些故事共通的主題是韌性與信念，

是成為鬥士，成為他媽的狠角色。

這不是脆弱。

這是力量，是勇氣。

正如艾蜜莉・狄金生（Emily Dickinson）的詩句：

「如果你的勇氣背棄你，那就超越你的勇氣。」

40

......

正
直

「正直」這東西不僅絕對，而且帶來不便。

「正直」是挺身面對，忍痛承擔後果。

「正直」是有膽量傷透別人的心，

以免搞得人家暈頭轉向的。

真
愛

你無法說服別人愛你。

這是顛撲不破的準則。

沒有人會因為你希望他或她愛你，就對你付出愛。

真愛是雙向的交流，自由不受限。

除了真愛，不要把你的時間浪費在其他東西上。

42

盡力

捫心自問：
我能盡力做到什麼程度？
然後行動。

無懼

在很大程度上，恐懼來自我們告訴自己的故事。

女人往往會聽到相同的故事，因此，

我決定拋開那個版本，告訴自己不同的故事。

我決定了，我很安全。我意志堅強，勇氣十足。

世上沒有任何事可以擊敗我。

雖然堅持這個故事版本是一種心智的控制，

但大體而言，這麼做很有效。

每當感覺恐懼在我的腦海中糾纏不休，

我便推開恐懼。

我只是避免讓自己變害怕。

恐懼助長恐懼。

力量招來力量。

我決意自己召喚力量。

過沒多久，我就真的不害怕了。

44

壓抑

壓抑愛意會扭曲事實，
讓不願意表明愛意的人變得面目可憎、心胸狹窄，
害受到排斥的另一方發狂、絕望，
不明白自己真正的感受。
別耍心機或忸怩退縮，白痴才會這麼做。
勇敢一點，真誠一點。
你得練習向心愛的人直陳愛意，這樣一來，
等到了關鍵時刻，你才能自然說出口。

相信你的膽量。
原諒自己。
凡事感恩。

Trust your gut.
Forgive yourself.
Be grateful.

重要的是你得往前邁進。
而且要全心朝著目標用力騰躍。
別在意別人描繪的願景。

你的人生由你打造。

47

付出

為了被愛，你必須去愛。

為了被接納，你必須包容。

為了接受，你必須付出。

48

....

絕望

絕望總有消失的一天。

Desperation
is unsustainable.

問題不在於你應該留下或離開。

而是：如果這一次你選擇以所有的智慧去愛，
你的人生會有什麼改變？

50

壞事

有些童年發生的事永遠無法改變，
但不見得事事如此。
你或許一輩子都不明白
為何那些壞事會發生在你身上，
但透過努力、正念覺察與用心理解，
你將洞悉自己。

天地多麼荒蕪遼闊啊，
不如順其自然，恣意而行吧。

How wild it was,
to let it be.

界線

雖然那些日子過得一塌糊塗的人
會試圖告訴你相反的意見，不過，
劃下人際界線和你愛不愛對方無關。

人際界線不是批判、懲罰或背叛，
而是純粹的和平，是你為自己確立的基本原則，
釐清你願意容忍別人做出哪些行為，
以及你對那些行為會產生什麼反應。

人際界線讓別人學會如何對待你，
也讓你學會如何尊重自己。

53

殘酷

真正療癒的境界極度殘酷。
那裡非常宏偉，
擁有令人驚駭的美、
永無止盡的黑暗與微光閃爍。

你必須非常、非常、
非常努力才能到達那個境地，
但你一定做得到。

每個人都有比放棄更好的選擇。

Every last one
of us can do
better than
give up.

靈光

你可以選擇中庸之道，
不過這條路是單行道，
只通往光明的方向。

那道光是你的靈光。

當你確定自己做對了，
你內心的靈光就會一明一滅，
不停閃爍。

56

明白

你任由時光逝去。

那是療癒之道。

你熬過那些日子。

你像瘋狂的鬼魂四處飄蕩，

度過一週又一週，

在哭泣、墮落、悲痛與退縮中

熬過一個月又一個月。

然後，有一天，

你發現自己孤伶伶地坐在陽光下的長椅，

閉上眼，頭往後一靠，

你頓時明白自己沒事了。

寬
恕

寬恕不像坐在酒吧裡的帥哥，
比較像一個肥胖的老頭，
<u>你得拖著他才能爬上山</u>。

58

是非

大多數問題的答案往往不是非黑即白。
可是，我們生氣、害怕或痛苦時
總是緊抓著是非對錯不放。
我們其實是複雜的人類。

人生沒有那麼絕對。

底
線

為了成功劃下界限，

你必須洞悉現實，

認清你想要什麼、願意付出什麼，

然後懷抱尊重的心和對方溝通。

劃下相處的底線並非懲罰，

而是帶著尊重，

清楚表達自己的需求、期望與能力。

這些界限可以讓我們認清現況，

否則我們可能會口吐白沫，大發雷霆。

一旦無法設定有益身心健康的底線，

我們就會變成滿懷怨恨、

怒氣填胸與偏狹小器的人。

60

基本

愛是我們的基本養分。
少了愛，人生就沒什麼意義。
愛是我們所能付出最美好的東西，
也是我們收到最珍貴的禮物。
愛值得我們為它騷動不安。

肥胖

別再煩惱妳胖不胖了。

妳不胖。

或者應該這麼說，妳有時候稍微胖了一點，

但誰在乎啊？

世上沒有比一個女人老是怨嘆自己有小腹更無聊、

更無益處的事了。

好好餵飽自己，我說真的。

真正值得妳愛的人會因此更愛妳。

62

純淨

當我往前邁進的時候，
心裡其實拿不定主意，
我只相信自己前進的步伐，
彷彿我付出的努力本身就有其意義。
或許是因為置身於未受汙染的荒野中，
代表我也可以不受汙染，
不管我曾失去什麼或曾被奪走什麼，
不管我對別人或自己做過多少徒留遺憾的錯事，
或別人對我做過多少憾事，都無損我的純淨。

雖然過去我質疑一切，但我從未懷疑這件事：
荒野的純淨把我納入其中。

直覺

如果直覺告訴你那麼做不對，就別去做。

一旦你明知該離開，就不要留下來；
萬一你發覺應該留下，就別離開。
應該冷靜沉著的時候，不要奮力一搏；
應該挺身力爭的時候，不要按兵不動。

不要只追求短暫的歡樂，忽視長期的後患。

當你的情感與渴望發生衝突時，
就很難判斷該怎麼做，只是沒自欺欺人那麼難。
當你說「這很困難」，不過是一種藉口，
好讓你選擇看起來最容易的路走──

例如出軌、繼續做那份討厭的工作、
為了雞毛蒜皮的小事絕交、
繼續容忍別人對你不好。

我成年之後每次做蠢事的時候，
都心知肚明那是蠢事，卻照做不誤。
即使我給自己再正當的理由，
心中那個最真實的我還是知道自己正在犯錯。

64

......

抱
怨

別老是埋怨你的事業沒什麼發展。
你沒有事業，你擁有的是人生。

全力以赴。
保持信心。
堅定不移。

因為你寫作，所以你才是作家。
請繼續寫作，停止抱怨。
你的書終有問世的一天。
只是你現在還不知道要等到什麼時候。

65

同情

當你對人表達同情，
重點不在於提供解決之道，
而是付出你所有的愛。

Art isn't anecdote. It's the consciousness we bring to bear on our lives.

66

藝術

藝術並非有趣的軼事，
而是我們用來影響生命的意識與思維。

媽媽

一定是搞錯了。
上天竟然從我身邊奪走了媽媽，
真是太殘酷可怕了。
我甚至不能好好恨她。

我再也不能這麼做了 ——
在她身邊長大，從她的羽翼下脫身離去，
跟我的朋友抱怨她，和她起衝突，
但願她沒做過那些事，而是換個做法；
然後，等我年紀漸長，
終於明白她已經盡力了，
她所做的一切都該死的好極了，
然後再度緊緊擁抱她。
她的死抹煞了一切，
同時也抹去了過去的我。

死亡中斷了我的年少輕狂，
迫使我立刻成熟，
同時原諒她為人母時犯的錯，
那些錯讓我變成永遠長不大的孩子。
在那個我們過早離開的地方，
我的人生同時結束與展開。
她是我媽媽，而我卻沒了母親。
她困住了我，而我卻徹底孤單。
她將永遠成為一個沒有人可以填滿的空洞。
我必須自己填滿，一次又一次。

起步」指的是我們必須持續奮發向上；
「超越」指的是我們必須不停往前邁進。

The thing about
rising is
we have to
continue upward;
the thing about
going beyond is
we have to
keep going.

自省

我們為了合理化自己的行為
與選擇而創造的說詞，
往往會融入我們的骨子裡。
我們告訴自己那些話，
是為了解釋自己複雜的人生。
或許你之所以還無法原諒自己，
是因為你依然把心力都投入在自我厭惡上。

如果你原諒自己做過的壞事，
你會變成更好的人，還是更糟的人？
如果你不斷譴責自己，會讓你變好嗎？

70

意
見

我們都有權表達意見，
擁有自己的宗教信仰，
但我們沒有權利胡亂瞎扯，
然後用那些鬼話來壓迫別人。

71

不愛

我能說服那個讓我愛到失去理智的人為我瘋狂嗎？

簡短的回答是，不會。
詳盡的回答是，不會。

世上有這麼多事讓我們飽受折磨。
這一生，有這麼多磨難。
別讓一個不愛你的人成為其中之一。

未知

你跟我一樣，

永遠不會知道我們沒選擇的人生是什麼樣子。

我們只知道，

不論另一個平行人生如何發展，

肯定都十分重要，無比美好，

只是那個人生終究不屬於我們。

那是一艘我們沒能搭上的幽靈船，

我們別無他法，

只能在岸邊遙遙向它致意。

73

旅行

你最好徒步旅行。

因為在高速前進下，

太多事物看起來都會模糊不清。

真理

最偉大的真理不存在於懺悔中，
你只能在你學到的課題中尋獲。

The greatest truth isn't in the confession, but rather in the lesson learned.

負面

如果有人不友善、小心眼、
好妒或拒人於千里之外，
你不需要放在心上。
你不必把這些小事放大成內心戲，
懷疑自己的價值。
那些行為往往和你無關，
只不過透露出對方是不友善、小心眼、
好妒或冷漠的人罷了。
如果把結論彙整成一句話，
做成汽車保險槓上的貼紙，那會是：
不要抱著別人的批評不放。
如果我們都這麼做，
這個世界就會變成更美好的地方。

追尋

你要相信至今所領悟的人生課題都值得你學習。

不論你是否找到實際運用在生活中的各種答案。
不論是什麼充滿奧祕的星光引領你走了這麼遠。

你不妨繼續追尋著星光往前邁進，
那裡有令人瘋狂的美景正在等著你。

77

道路

當前方自動出現一條道路，跟著走就對了。

When
the path
reveals itself,
follow it.

養分

在人的一生中，各種事都會發生，

有最糟的鳥事，就會有最美好與最有趣的事。

不論什麼際遇發生在你身上，全都屬於你。

把這些際遇當成精神食糧，好好吸收。

即使覺得難以下嚥，還是得吞下去。

讓人生際遇成為你的養分，

因為它未來真的會滋養你的生命。

79

故事

不論我們有沒有意識到，
在我們的言語之間都隱藏著某些故事。
這些故事道出我們內心的真相。

無助

我們沒有資格感到無助。

我們必須幫助自己。

儘管在命運的安排下，

一切自有定數，

我們仍須對自己的人生負責。

81

接受

你必須接受，
他們的行為深深傷了你。
你必須接受，
這次經驗讓你學到教訓，
即使你壓根不想明白。
你必須接受，
就算是在快樂的人生裡，
悲傷與衝突依然不可避免。
你必須接受，
你需要花很長的時間，
才能趕走心魔。
你必須接受，
此刻的痛苦終有減輕的一天。

真相

你無法偽裝內心深處真正的想法與渴望。

真相就在那兒，

終究會勝出。

那是我們必須遵從的神，

是所有人都不得不臣服的力量。

祂永遠問道：

你打算拖拖拉拉，

還是立刻行動？

83

復原

　　我們能夠在自己的力量與
　無能為力之間重新劃清界線。
　讓我們受傷的事同時影響了我們，
　　可是，只要心中有愛與覺察，
　　　意圖明確，也願意寬恕，
　　我們就會再度完好如初。

無瑕

可愛純淨的女孩啊～
世上沒有完美無瑕的人生，
前方還有許多事等著妳。

This isn't a spotless life. There is much ahead, my immaculate peach.

祕
密

當我們真正去愛一個人，
全心全意地付出時，
最重要的是讓對方了解我們。
什麼都不說只會讓事情變得更困難，
原本不必這麼難的。

沉默創造祕密，
而你這麼美好，
不應該有所隱瞞。

一旦你傾訴所有隱祕，
過去的一切就會煙消霧散。

完美

快放下你對「完美伴侶」的成見吧。
這種伴侶不可能存在，
因為你很難在別人身上看到真正的完美，
你也不可能達到對方認定的完美標準。
這種成見根本於事無補，
只會讓一些人受困於桎梏中，
同時排斥其他人，
最後害每個人都覺得糟糕透頂。
至於彼此是不是真正的完美伴侶，
則純屬私事。
只有置身於完美關係中的兩個人，
才能肯定這段關係真的十全十美，
其他人無從置喙。
完美關係只有一項決定性的特質：
兩人樂意分享彼此的生活，
認定這是完全正確的選擇，
即使面臨困境也攜手度過。

為人父母就要教孩子如何成為<u>鬥士</u>，
讓他們有信心在必要的時候上馬一戰。
如果你沒有從父母那裡學到這件事，
<u>你就得自己教自己</u>。

88

......

親密

人類親密關係的故事，
總是讓我們在支離破碎的微光中，
從全新的角度看見那些我們至愛的人。

請凝神細看，勇敢地看。

改變

現在還不算太遲。

時間還沒用完。

你的人生是現在進行式。

你終於準備好改變的時刻已經來到。

90

離開

你想離開就離開。
因為光是想要離開，
這個理由就非常充分了。

練習

你得不停地說「我已經獲得原諒」，
一遍又一遍，直到你打從心底相信為止。

92

反面

無畏的另一面是恐懼。
優勢的另一面是脆弱。
力量的另一面是信念。

注定

在那些幾乎道盡我們人生境遇的故事中，

在那些一開始就寫好的基本情節裡，

答案早已蘊藏其中。

誰最愛你？

發生了什麼事，讓你終於相信自己？

你在花園、路面的裂縫或花盆裡種了什麼？

你如何找到你的生命泉源？

94

危險

我們全都冒著某種危險。
比方說，我們冒著才剛開始就結束的危險，
或是無法想像、追尋、
得知真正的自己是什麼模樣的危險。
我們都必須從這裡跳躍到那裡。

你我之間唯一的差別就是跳躍的距離不同。

唯有認清彼此共通的人性，
我們才得以忍受自己的問題。
我們承受的痛苦獨一無二，
卻以同樣的方式存活下來。

96

馴服

如果愛是動物，
肯定會是蜂鳥和蛇。
這兩者都無法馴服。

我一直覺得孤單不是一種生命狀態，
反而像是一個真實的空間，
讓我可以躲在裡面作真正的自己。

<u>Alone</u>
had always
felt like an
actual place to me,
as if it weren't a
state of being,
but rather a room
where I could
retreat to be who
I really was.

上天不是應許
願望成真的親善大使。
上天是個無情的婊子。

99

準則

我們的任務，我們的事業，
世上最重要的工作，
是打造屬於我們的地方，
用我們自己的道德準則搭蓋出一幢建築。
這裡的「道德準則」指的
不是文化價值不停灌輸的準則，
而是內心深處告訴我們該做什麼的準則。

如果你無法像過去一樣向前邁進，
你就必須以前所未有的方式勇往直前。

If it is impossible for you to go on as you were before, so you must go on as you never have.

失職

當你的雙親之一明明健在，卻無法聯繫。

他（她）光說不練，只會想卻不敢行動；
不停地表演、表演再表演，卻永遠只是小調——
這是多麼沒有價值、多麼軟弱、
多麼失敗、多麼空虛的事情啊！

當我們用大調唱出為人父母之歌的時候。

你（妳）在那裡？
你（妳）喜歡不顧一切全速前進嗎？
你（妳）會在搞砸之後彌補過錯嗎？

方向

你必須明白，人生很漫長；

人們會改變，也會一成不變；

我們每個人遲早都會搞砸一些事，然後得到原諒；

我們只能一走再走，設法找到方向；

每一條路最終都會通往山頂。

美
好

你可以選擇讓自己
置身於美好的人事物之中。

104

認清

我們都想相信自己的自我認知正確無誤，
但我們對自己的看法往往只限於最好、
最合乎道德的事。
我們常喜歡假裝自己天生就豁達大度。
但實情是，
我們通常得先認清當個自私的混蛋是什麼感覺，
才能變成最善良、最合乎道德的自己。

害
怕

明明害怕，卻還是勇往直前，這才是真正的勇敢。

Bravery is
acknowledging
your fear
and doing it
anyway.

出軌

大多數人出軌，不是因為他們是騙子。

他們劈腿，只因為他們是凡人。

有些人外遇的動機是出於內心的渴望，

有些人則是期待再度被人渴望。

有些人發現自己的友情起了意外的化學變化，

有些人刻意尋求這種變化；

有些人因為慾火中燒、爛醉如泥而外遇，

有些人劈腿則是因為

童年未曾獲得滿足而留下的內心創傷。

在這些外遇中，有愛，有欲望，有機會，

有酒精，有青春，還有中年。

有寂寞孤單、百無聊賴、悲傷脆弱與自我毀滅，

有愚蠢、自大與浪漫，有自我、念舊、力量與需求。

還有一種難以抗拒的誘惑——

不只和最親密的人發生關係，也和別人上床。

種種的一切都以複雜的方式告訴我們，

人生真是該死的漫長啊。

而我們就在這樣的人生裡，

時不時把日子搞得一塌糊塗。

不論是伴侶，還是我們自己，難免都會搞砸。

療癒是很尋常的小事，而且非常耗費心力。
療癒是做你必須做的事，這是唯一的重點。

<u>Healing</u>
is a small and
ordinary and
very burnt thing.
And it's one thing
and one thing only:
it's doing what
you have to do.

去愛與被愛。
這就是人生的意義。

109

身
體

身體無所不知。
當你心往下沉、反胃想吐、
心花怒放、大腦靈機一動，
身體正告訴你真相。
請仔細聆聽。

傷痛

沒有人可以保護你免於傷痛折磨。

你無法用哭泣逃避它，也不能吞噬它、

餓死它或遠離它、打跑它，甚至無法治癒它。

傷痛如影隨形，你得要撐下去。

你必須咬牙熬過去。

你必須經歷傷痛，熱愛傷痛，

然後繼續往前邁進，

朝橋的那一端跑得愈遠愈好，

那裡有你最美好快樂的夢想，

而你的夢想來自你對療癒的渴望。

雖然治療師和朋友可以在途中幫助你，

但能不能療癒完全取決在你——

我指的是真正的療癒、貨真價實的療癒、

讓你願意跪地臣服的改變。

111

……

關係

在關係瀕臨破裂的緊要關頭，
我們仍然度過難關，
繼續維繫彼此的關係，
此時的關係往往才是最有意義的關係。

姿態

唯有姿態調整了，才是真正的改變。
當一個人的行為舉止與過去不同時，
改變就在那一刻發生了。

113

勤奮

勤奮努力。
做好事。
表現出色。

轉彎

你的故事不會就此劃下句點。
只是人生情節的鋪陳轉了個彎，
朝你始料未及的方向發展而已。

115

自在

你不需要青春永駐。

你不需要維持苗條。

你不需要身材「火辣」，

別管那些目光狹隘的蠢蛋如何定義這個詞。

你不需要擁有緊實的肌肉、

翹臀或永遠尖挺的胸部。

你必須設法和你的身體和平共處，

同時實現你最深的渴望。

你必須鼓起足夠的勇氣，

建立你值得擁有的親密關係。

你必須在一絲不掛的時候，

還能理直氣壯地說：這就是我。

不
安

你的不安全感如雜草叢生，
但現在不是躲在不安全感後面萎靡不振的時候。

你已經贏得成長茁壯的權利。

受困

我們偶爾會困在當下，寸步難行。
我們有時會打退堂鼓。
每一天，我們都必須下定決心，
朝自己的目標前進。

前方才是邁向真實人生的方向。

停
損

對許多人來說，

最後通牒往往具有負面含義，

因為霸凌別人的惡棍和施虐的混蛋常常濫用這個詞，

他們老愛把人逼到走投無路，

強迫別人選擇這條路或那條路，

不是全有就是全無。

不過，一旦運用得當，

最後通牒反而提供一條充滿尊重與愛的路，

讓我們打破那個遲早會毀了這段感情的僵局。

沒錯，最後通牒會讓我們

要求別人提供我們需要的東西，

但是，最後通牒大半的要求都是針對我們自己。

最後通牒要求我們認清最壞的情況

（一段珍惜的感情走到盡頭）

其實勝過另一種可能──

一輩子活在悲傷、羞辱與憤怒中。

最後通牒要求我們捫心自問：

我想要什麼？我值得擁有什麼？

為了如願以償，我願意付出什麼樣的犧牲？

然後，最後通牒會要求我們行動。

即使在恐懼、痛苦與信念中載浮載沉，

我們也要游到目的地。

119

評斷

當你憑一己的臆測評斷別人的人生，
這些看法來自你的幼稚天真與傲慢自大。
許多你認定的有錢人，其實並不富有。
許多你眼中工作輕鬆的人，
其實經過認真努力才有如今的收穫。
許多看似諸事順遂的人，
其實也經歷過痛苦掙扎。

120

—— 運氣

你沒有權利要求上天
應該發什麼樣的牌給你。
你只有義務打好手上的牌。

宇
宙

我早已領悟，宇宙從來不開玩笑。
它會奪走想要的一切，永不歸還。

The universe,
I'd learned,
was never,
ever kidding.
It would take
whatever it wanted
and it would
never give it back.

死亡

你終究難免一死，

就像所有人類與六月的推糞金龜，

像每頭黑熊與每條鮭魚。

我們總有一天都會死去，

但只有一些人明天、

明年或五十年後就會離開人世。

大致上，我們不知道誰會在什麼時候如何死去。

這個謎團不是對生命的詛咒，而是一種奇蹟。

這正是人們口中的「生命的循環」，

不論願不願意，我們都置身其中，

包括所有活著的、死去的、此刻剛誕生的、

生命之光漸漸黯淡失色的，無一例外。

即使你試圖跳脫這個循環，也無法獲救。
你不可能因此就不再悲傷，
也無法保護摯愛的人在你死後不傷心。
你的人生不會因此延長或縮短。
既然你在這裡，就好好活在此時此地。
現在你和我們在一起，一切都會安然無恙。

風
險

世上一切永遠都會有風險。

包括我們的正直。

我們的平靜。

我們的人際關係。

我們的社群。

我們的孩子。

因為想要成為自己期待的人而承受重擔的能力，

以及原諒自己就是這德性的能力。

還有我們的義務，包括伸張正義、

懷抱善意、待人友善、

在床上做些真正能讓我們神魂顛倒的事。

簡單

接受的重點在於簡單，
在於坐在一個尋常的位置，
目睹一齣平凡的人生戲碼直接上演，
未經修飾，
不只一開場就從事物的本質出發，
最後也以本質做為句點。

接受以最柔和的聲音對我們耳語，
它只要求我們認清真相。

脆弱即力量。

Vulnerability is strength.

衡量

如果你用金錢或知名度來衡量自己的成功，
那就太蠢了。
成功與否，只能用你回答下述問題的能力來衡量，
當你的答案是肯定的，才算成功：

我是否做了必須做的事？

我是否全力以赴？

自
信

「相信自己」的意思是，
　實踐你已知的真理。

蕩婦

在九〇年代，我們全都是蕩婦。

We were all sluts
in the '90s.

放手

即使你要結束一段感情，

依然可以同時懷抱最大的善意，

繼續作富有同理心的朋友。

你可以真情流露，

帶著愛與尊重解釋你決定分手的理由。

你可以真誠坦白，但不要殘酷無情。

記得感謝對方對你的付出。

為自己的錯誤負起責任，試著改過自新。

承認你的決定已經傷害了另一個人，而你也為此痛苦。

儘管正要離開，你依然要有魄力支持你的對象。

在分手的過程中一路長談，互相聆聽。

向過去的一切表示敬意。

見證這段感情的失敗之處，盡力挽救。
即使不可能維持實際的朋友關係，
還是要作對方的朋友。
保持禮貌。
設想如果立場對調，你可能會有什麼感覺。
盡量把傷害與羞辱降到最低。
你要相信，唯有放對方自由，才是最大的慈悲，
因為我們的愛不夠深、不夠真、不夠大，感覺也不對。
你要相信，我們都值得最深刻、最真心、
最巨大也最正確的愛。
當你放開一段感情的時候，好好記住這些事。

謙
遜

真正的謙遜是拒絕什麼事都扯到自己，

是關於臣服、從善如流、覺察體悟與保持簡單。

就在一呼一吸之間。

Humility
is about refusing
to get all tangled
up with yourself.
It's about surrender,
receptivity,
awareness, simplicity.
Breathing in.
Breathing out.

轉
變

過去，每當我聽到「轉變」這個詞，
我的心靈之眼就會看到一尾蝴蝶。
不過，在生命的教導下，我終於醒悟。
轉變不是蝴蝶。
早在你變成美麗的小蟲子飛走之前，
轉變就出現了。
轉變蜷縮在黑暗的繭中，把你推出去。
轉變是棘手的工作，
為你的幸與不幸、渴望與疑慮、
焦慮與悲傷、行動與事故、
犯錯與成功賦予意義，好讓你可以繼續前進，

蛻變成你接下來必須成為的人。

親愛的，請提出更好的問題。

這他媽的鳥人生就是你的人生。

好好回應它。

Ask better
questions,
sweet pea.
The fuck
is your life.
Answer it.

人生顧問叢書 275

BRAVE ENOUGH
我們要有足夠的勇氣讓自己心碎
——雪兒‧史翠德最珍愛的132則生命靈光

作者…雪兒‧史翠德（Cheryl Strayed）｜譯者…沈維君｜主編…Chienwei Wang｜企劃編輯…Guo Pei-Ling｜美術設計…D-3 Design｜董事長‧總經理…趙政岷｜總編輯…余宜芳｜出版者…時報文化出版企業股份有限公司｜10803 台北市和平西路三段240號3樓｜發行專線…（02）2306-6842｜讀者服務專線…0800-231-705‧（02）2304-7103 讀者服務傳真…（02）2304-6858｜郵撥…19344724 時報文化出版公司｜信箱…台北郵政79-99信箱｜時報悅讀網…http://www.readingtimes.com.tw｜法律顧問‧理律法律事務所‧陳長文律師、李念祖律師｜印刷…勁達印刷有限公司｜初版一刷…2017年09月22日｜定價…新台幣260元｜行政院新聞局局版北市業字第80號

ISBN 978-957-13-7132-0

Printed in Taiwan

♣ 時報文化出版公司成立於一九七五年，並於一九九九年股票上櫃公開發行，
於二〇〇八年脫離中時集團非屬旺中，以「尊重智慧與創意的文化事業」為信念。

國家圖書館出版品預行編目（CIP）資料

我們要有足夠的勇氣讓自己心碎：雪兒‧史翠德最珍愛的132則生命靈光 /
雪兒‧史翠德（Cheryl Strayed）作；沈維君 譯 -- 初版. -- 臺北市：時報文化, 2017.09
192 面；13×19公分. --（人生顧問叢書；0275）ISBN 978-957-13-7132-0.

1.心理勵志 192-8   106015518